질문하는 환경 사전

질문 ? 하는 사전 시리즈 ①

질 알레 글

질문하는 환경 사전

자크 아장 그림

괜찮니?

언제까지 버틸 수 있을지 나도 잘 모르겠어···.

홍세화 옮김

차례

지구의 자원 ······ 6
생태환경운동가가 뭐야? ······ 9
생물 다양성이 뭐지? ······ 12
유기농은 또 뭐지? ······ 16
GMO? ······ 20

지구의 대기 오염 ······ 24
대기 오염이 그렇게 심각한 문제야? ······ 26
온실가스는 어떻게 만들어질까? ······ 30
대기 오염과 날씨가 관계있다고? ······ 34
자가용을 계속 이용해야 할까? ······ 38
미래의 자동차는 어떤 모습일까? ······ 42
왜 쓰레기를 줄여야 할까? ······ 46

위협받는 생물 다양성 …… 50

기후가 변한다고? …… 52
오존층이 뭐야? …… 56
자연재해는 왜 일어날까? …… 60
인간은 자연보다 강할까? …… 64
왜 산호초를 지켜야 하지? …… 68
벌이 위험에 처했다고? …… 72

지구의 물 …… 76

왜 물을 아껴야 할까? …… 78
서머 타임이 뭐야? …… 82
신재생 에너지가 뭐지? …… 86
핵 발전소가 뭘까? …… 90
후쿠시마에서 무슨 일이? …… 94

지구의 자원

지구의 자원은 한정적이야.

우리가 마실 수 있는 **물**의 양은 정해져 있어.
먹거리를 키우는 **땅**이나
공기를 정화시켜 주는 **숲**도 마찬가지지.

국제 환경 단체인 **지구생태발자국네트워크**는
매해 **지구 용량 초과의 날(Earth Overshoot Day)**을 정해.
1년 단위로, 사람이 쓰는 자원의 양이
지구가 만들어 내는 자원의 양을 넘어서는 날을 계산한 거야.

그.러.니.까
지구 용량 초과의 날은

1년치 자원을 미리 다 써 버린 날이지.

그 다음 날부터 우리는 미래 세대,
그러니까 우리 아이들과 그 아이들
그리고 또 그 **아이들의 몫을 빼앗으며** 살아가는 거야.

1990년대 지구 용량 초과의 날은
10월 말이었는데,

2000년대엔
9월 말로 당겨졌고,

급기야 2015년에는
8월 중순으로 당겨졌어.

전 세계적으로 보면 8월 중순이지만 나라별로 보면 차이가 꽤 커.
우리나라 지구 용량 초과의 날은 무려 2월 23일이야.

지구를 파괴하는 속도는 점점 더 빨라지고 있어.
그 무엇도 이 질주를 막기는 힘든 것 같아.

물론 나라마다 자원을 쓰는 방식과 양은 달라.

예를 들면, 지구상의 모든 사람들이 오스트레일리아 사람처럼 자원을 소비하면 **5.4개**의 지구가 있어야 해.

미국 사람처럼 소비하면 **4.8개**

우리나라 사람처럼 소비하면 **3.3개**의 지구가 있어야 하지.

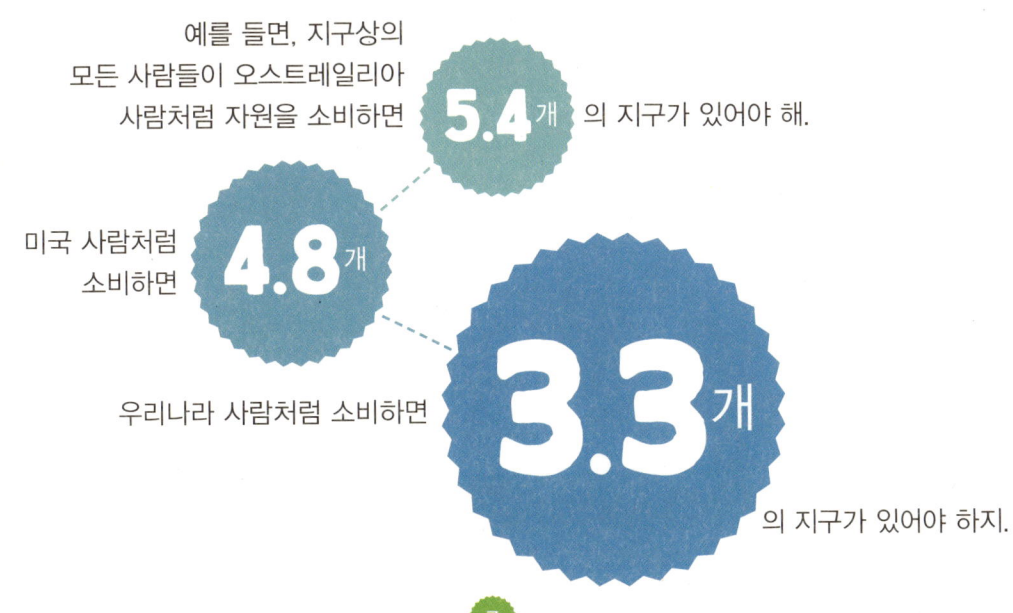

우리가 **자원**을 쓰면
온실가스가 만들어져.
온실가스는 지구의 온도를 높이지.

지구의 온도가 올라가면
극지방의 얼음이 녹고, 바다 수면이 높아져.
그리고 숲이 사라지지.
아마 동물들도 멸종되고 말 거야.
위험한 태양 빛으로부터
우리를 보호해 주는 **오존층**도 파괴되지.

이게 다 사람들이 지구가 만들어 내는 자원의 양보다
훨씬 더 많이 쓰기 때문이야.
그런데도 사람들은 여전히 자원을 함부로 써.

오늘날 지구에 사는 사람들은 약 **73**억 명이야.

2025년에는 약 **80**억 명이 되고,

2050년에는 **100**억 명 **가까이 될 거야.**
갈수록 지구에 사는 사람들이 늘어나는 거지.

**이제 우리는
삶의 방식을 바꿔야 해.**
지금부터 지구와 더불어 살아갈 수 있는 방법을 찾아보자!

생태환경운동가가 뭐야?

생태환경운동가란 환경을 보호하고,
생태계를 보존하는 사람이야.

지구를 위해 여러 가지 일을 하지.

쓰레기를 분리배출하고,

환경 단체의 모임에 참석하고,

환경 보호를 지지하는 정당에 가입해.

지구의 자원은 한정적이기 때문에
아껴 써야 해.

세계 곳곳에는 생태환경운동가들이
만든 정당이 있어. 이 정당들은 환경을
보호하기 위해 다양한 주장을 해.

하지만 이들의 주장은 잘 받아들여지지 않아.
생활 습관을 바꾸기가 어렵기 때문이야.

아주 간단한 방법으로
환경을 보호할 수 있는데도 말이지.

생물 다양성이 뭐지?

생물 다양성이란 지구에 사는
생명 전체가 얼마나 다양한지를 말해.
생물 다양성이 높다는 건
다양한 생명체들과 함께 살고 있다는 뜻이지.

같은 고양이라고 해도
크기와 색깔이 다른 고양이가 많으면
생물 다양성이 높은 거야.

한 지역에 다양한 생명체가
함께 살고 있으면
이것도 생물 다양성이 높은 거지.

일정한 공간에 다양한 환경이 있으면
생물 다양성이 높아. 예를 들면 숲과 바다,
사막이 함께 있는 곳이지. 환경이 다양하면
그만큼 다양한 생명체들이 살 수 있거든.

그러니까 생물 다양성이란 한결같이
똑같은 환경과는 정반대야.

그런데 생물 다양성이 왜 중요할까?

다양한 생명체가 함께 살면 위기를 이겨 낼 수 있거든.

지구에 밤색 소만 있다고 상상해 봐.

만약 밤색 소만 공격하는 질병이 생기면 어떻게 될까? 모두 죽고 말 거야.

소의 종류가 다양하다면
소가 멸종될 일은 없겠지.

아직까지는 괜찮지만
사람들은 조금씩 자연을 변형시키고
생물 다양성을 줄이고 있어.

숲을 밀어 버리거나 벌레를 죽이는
농약을 쓰지.

이런 행동은 바람직하지 않아.
자연을 심각하게 해치거든.

유기농은 또 뭐지?

'유기농'이라고 적힌 메뉴를 본 적 있니?

잘 찾아보면 미용 제품이나
생활용품에도 있어.

식료품 포장지에서도 유기농 표시를
볼 수 있지.

그런데 대체 유기농이 뭘까?

유기농이란 화학 비료나 농약을 쓰지 않는
농업 방식을 말해. 자연을 보호하고
건강에 좋은 먹거리를 만들지.

유기농을 하는 농부는
계절과 기후에 맞는 농산물을 재배해.

잡초를 없애거나 해충을 죽이는
화학 제품은 쓰지 않아.
대신 친환경 제품을 쓰지.

진딧물을 잡아먹는 무당벌레나
식물 찌꺼기를 뒤섞은 퇴비 같은 걸 사용해.

가축은 좋은 조건에서 키워.
좁은 닭장에서는 절대 닭을 키우지 않아.

농장에서 풀을 뜯는 소처럼
닭도 넓은 들에서 뛰노는 거야.
어때? 좋아 보이지 않니?

하지만 유기농이 정말 좋은 걸까?
유기농 제품이 점점 늘어나는데
정말 좋은지는 의심스러워.

유기농 제품은 비싸지만
유기농 농산물을 재배하는 노동자들은
아주 적은 임금을 받고 있거든.
유기농 제품의 값을 싸게 하려고 그러는 거래.

유기농 제품을 생산하는 데 돈이
많이 드니까 노동자들의 임금을 줄이는 거야.
하지만 여전히 유기농 제품은 비싸지.
과연 임금을 줄이는 게 답일까?

GMO?

Genetically
Modified
Organism

GMO는 유전자가 조작된 생명체를 말해.

생명체는 살아 있는 것을 말하고.
식물, 버섯, 고양이…… 그리고 사람!

그럼 유전자 조작은 또 뭘까?
생명체의 DNA를 인위적으로
바꾸는 것을 말해.

DNA는 생명체의 신분증이야.
파란 눈이나 갈색 머리를 가지게끔
정하는 게 바로 DNA야.

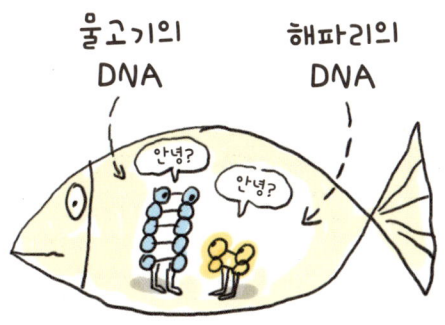

예를 들어 어둠 속에서 빛을 내는 해파리의
DNA를 물고기의 DNA에 붙이면…….

짜잔! 이 물고기는 어둠 속에서 빛을
낼 수 있게 되지.

이번에는 해충이 공격해도 끄떡없는 식물을 상상해 봐.
그런데 이런 게 정말 있을까?

물론이지! 생물학자들은 해충에게 유독한 물질을 만들어 내는 GMO 옥수수를 발명했어.

GMO 옥수수를 심으면 농약을 덜 뿌리면서도 더 많은 옥수수를 수확할 수 있지.

그런데 왜 GMO를 꺼리는 사람들이 있을까?

무엇보다 GMO가 아무런 위험이 없는지 100% 확신을 하지 못하기 때문이야.

게다가 생태계에 해가 될 수도 있지.

예를 들면 GMO에 내성이 생긴 해충이 등장할 수도 있어. 이 해충은 다른 식물에게는 더 위험할 수 있어.

그래서 GMO에 대해 확실히 알기 전까지는 무척 신중해야 해.

지구의 대기 오염

2010년부터 유럽 연합은

대기 오염 정도가 일정 수준이 넘는 날수를 제한하고 있어.
그러니까 대기 상태가 우리 건강에 위험할 정도로
나쁜 날이 며칠이나 되는지 확실하게 밝히는 거지.

이런 걸 왜 할까?

대기 오염을 줄이려고 국가가 직접 나서서 규제하는 거야.

자동차나 **화물차**, **공장**이나 **보일러** 등이 뿜어내는 미세 먼지는
폐 속 깊은 곳까지 침투해.

> 미세 먼지는 폐에서 걸러지지 않을 만큼 아주 작기 때문이야.

과학자들은 이 미세 먼지가 프랑스에서만 **매해 4만 5천 명**을, **매일 115명**을 사망하게 하는 직접적인 요인이라고 주장하고 있어.

유럽 연합의 기준에 따르면, 대기 상태가 나쁜 날이  매해 35일 을 넘으면 안 돼.

그런데 프랑스에서는 몇 주 만에 이 날수를 채워.

파리를 예로 들면, **2월 말도 되기 전에** 벌써 허용된 35일을 다 채우지.

우리나라도 비슷해. 대기 오염으로 몸살을 앓고 있어.
서울을 비롯한 대도시에 사는 사람들은 대기 오염 때문에 큰 불편을 겪고 있지.
당장 코나 목에 생기는 호흡기 질병이 크게 늘어났고,
미세 먼지가 혈관에 침투해 협심증, 뇌졸중의 위험도 높아졌어.

대기 오염만 문제가 되는 건 아니야.

우리가 만들어 내는 쓰레기는 전혀 예상하지 못하는 곳에 쌓여. ········▶ 태평양 한가운데에 플라스틱 쓰레기를 비롯한 엄청난 양의 쓰레기 더미들이 물 위를 둥둥 떠다니고 있어.

쓰레기 더미가 어찌나 큰지 ◀········ 과학자들은 쓰레기 대륙이라고 부르지. 지구의 일곱 번째 대륙으로 칠 만큼 크다는 뜻이야.

이 일곱 번째 대륙은 **우리나라 땅의**  약 32배 나 된다고 해.

대기 오염이 그렇게 심각한 문제야?

유럽 연합에서는 대기 오염을 엄격하게 관리해.
대기 오염은 생각보다 훨씬 심각하거든.

공기 중의 오염 물질은
초미세 먼지와 이산화 질소라는 기체야.
눈에는 보이지 않지.

대개 자동차나 공장에서 배출돼.

대기 오염은 사람이 얼마큼 사는지,
날씨가 어떤지에 따라 달라져.

춥고 건조한 겨울에는
오염 물질이 잘 사라지지 않아.
그나마 바람이 불면 조금 흩어질 뿐이야.

이렇게 오염 물질이 쌓이다 보면
대기 오염이 심해져. 심각한 대기 오염은
몇 시간에서 며칠 동안 계속될 수도 있어.

오염된 공기를 마시면 천식이나 알레르기처럼
호흡기 문제를 일으킬 수 있어.

사람들은 대기 오염 정도가 기준치를 넘지 않도록
날씨를 관찰하면서 대책을 세워.

대기 오염 기준치를 넘지 않으려면
대중교통을 이용하고, 자동차 속도를 줄여야 해.
빠른 속도로 달리는 자동차는
대기 오염 물질을 많이 만들어 내거든.

온실가스는 어떻게 만들어질까?

지구의 기후가 달라지고 있어.
바로 온실가스 때문이지.

온실가스는 대기 중에 쌓여서
온실 효과를 내.

마치 담요처럼 지구를 덮어서
열이 빠져나가지 못하게 막는 거야.

그런데 온실가스는 어떻게 만들어질까?

온실가스 중 가장 많은 양을 차지하는
이산화 탄소는 석탄이나 가스,
석유를 태울 때 만들어져.
이 연료들을 화석 연료라고 부르지.

발전소에서는 전기를 생산하려고
화석 연료를 태워.
그때 이산화 탄소뿐만 아니라
다른 오염 물질도 포함된 연기가 나오지.

유럽에서 오염 물질을 가장 많이
배출하는 30곳 중 26곳이 발전소야.

발전소 말고도 큰 공장이나 자동차,
주택에서도 이산화 탄소를 배출해.

이산화 탄소만 온실 효과를 내는 건 아니야.
메탄과 질소 산화물도 온실 효과를 내.

메탄이나 질소 산화물을
가장 많이 배출하는 건 농업이야.
소가 풀을 소화시키면서 내뿜는 메탄과
농기계를 쓸 때 만들어지는 질소 산화물이
어마어마하거든.

1997년에는 약 180개 나라가
지구의 기후 문제를 극복하려고
온실가스 생산을 줄이자고 약속했어.
이게 바로 교토 기후 협약이야.

하지만 안타깝게도 최대 오염국인
미국과 중국은 참여하지 않았어.

2015년 11월 30일에는
'파리 기후 2015'라는 국제회의가 열렸어.
이 회의에서는 지구 온도가 2도 이상
올라가지 않도록 제한하기로 결정했지.
모두 이 약속을 지켜야 할 텐데 걱정이야.

대기 오염과 날씨가 관계있다고?

도시에는 자동차도 많고 집도 많아.
그리고 공장도 있지.

이 모든 것들이 오염 물질을 만들어.
오염 물질은 공기 중에 떠돌아다니지.

그러다 바람이 불면 오염 물질들은
도시 바깥으로 밀려나.

그런데 왜 특별히 대기 오염이
심한 날이 있는 걸까?

대기 오염이 기준치를 초과할 만큼
심각한 날이 있어.

날씨 때문이지.

보통 태양은 공기를 뜨겁게 해.
뜨거운 공기는 위로 올라가지.
이때 오염 물질을 끌고 가.

그런데 이따금 오염된 공기가 지표면 위에
머무를 때가 있어.

이런 날은 공중의 온도가 지표면보다
더 높아. 그러면 지표면의 공기는
위로 올라갈 수 없어.

바람마저 불지 않으면 공기 속에 있는 오염 물질은 도시에 그대로 쌓이지.

이런 날에는 오염 물질을 배출하는 활동을 하면 안 돼.

정부는 자가용을 쓰는 대신 대중교통을 이용하라고 권해.

하지만 이런 노력을 하루 이틀 반짝 한다고 해서 오염 물질이 확 줄어들지는 않아. 일 년 내내, 매일같이 우리 모두 미래를 위해 노력해야 해.

자가용을 계속 이용해야 할까?

우리나라에는 약 2천만 대의 자동차가 있어.
인구 2.6명 당 1대 꼴이야.
그러니 길이 막히고 빵빵대지.

자가용은 버스보다 이산화 탄소를
4배 더 많이 배출해.

그런데도 자가용을 계속 이용해야 할까?

길이 막힐 때는 자가용보다 자전거가
훨씬 더 빠를 수도 있어.

초등학교 등굣길은 대부분 걸어서
20분 정도 걸려. 이 정도 거리는
충분히 걸을만 해.

자전거, 걷기, 롤러스케이트로 이동하면
이산화 탄소를 배출하지 않아.
땀을 좀 흘릴 뿐이지.

가까운 거리는 무조건 걸어서 간다는
원칙을 세워 봐. 집에서 학교까지는
걸어서 가는 거야.

요즘에는 자전거를 빌려주는 곳이 많아.
걷기 힘든 거리는 자전거를
타고 가면 어떨까?

여럿이 함께 자전거를 타고 가면
즐거울 거야.

먼 곳으로 갈 땐 오염을
덜 시키는 전기차를 이용해 봐.
태양열로 충전하는 전기차도 있어!

전기차가 없으면 고속버스를
타고 가는 방법도 좋아.
버스 전용 차선으로 가면 자가용으로
가는 것보다 훨씬 더 빨리 갈 수 있어.

또 혼자 차를 타는 것보다 여럿이 함께 타면
이산화 탄소 배출을 줄일 수 있어.

최근에는 자가용 나눔을 하는
사람들도 많아. 자가용을 쓰지 않을 때는
다른 사람에게 빌려주는 거야.
어때? 해 볼만 하지?

미래의 자동차는 어떤 모습일까?

자동차 회사들은 더 나은 자동차를
만들기 위해 끊임없이 연구하고 있어.

그 결과 더 빠르고 더 넓은 자동차를
만들었어. 덜 위험하게도 만들었고,
아주 작게도 만들었지.

요즘에는 환경을 덜 오염시키는
자동차를 만들기 위해 고민하고 있어.

지구에는 약 10억 대의 자동차가 있고,
자동차는 환경을 오염시키지.

자동차 회사들은 친환경 자동차를
만들기 위해 어떤 노력을 하고 있을까?

대부분의 자동차는 환경을 오염시켜. 휘발유 같은 연료를 아주 많이 쓰거든. 100km를 달리면 8ℓ 정도 쓰지.

친환경 자동차는 연료를 덜 쓰게 하려고 가볍게 만들어. 공기 저항을 적게 받도록 유선형으로도 만들기도 해.

자동차를 가볍게 하려고 공기 주머니로 의자를 만들고 창도 아주 얇게 만들어.

공기를 가르며 나가도록 유선형으로 만들고, 바퀴는 아주 좁게, 필요 없는 액세서리는 모두 없애지.

자동차 회사들은 더 친환경적인 자동차를 만들려고 경쟁하고 있어.

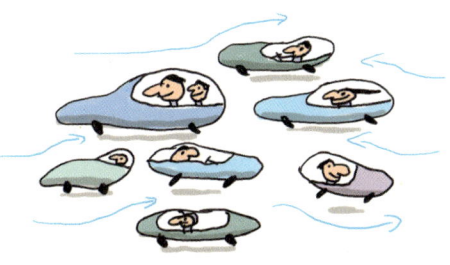

아직은 시험 중이지만 곧 수많은 친환경 자동차들이 나올 거야.

최근에는 사람이 직접 운전을 하지 않아도 되는 자동차도 만들고 있어.

꿈같은 일이 벌어지기까지 얼마 남지 않았어!

왜 쓰레기를 줄여야 할까?

쓰레기통은 마술 같아.
저녁에 꽉찬 쓰레기통을 내놓으면
아침에는 쓰레기통이 텅 비어 있으니까.

하지만 이렇게 배출된 쓰레기는 자연을 오염시켜.

2015년에 우리나라 인구 한 사람이 하루에 배출하는 쓰레기양은 약 0.97kg이었어.
일 년으로 치면 354kg쯤 되지.
그중 80% 정도만 재활용돼.

그럼 나머지 쓰레기는 어떻게 될까?

나머지 쓰레기는 태우거나 땅에 묻어.

우리가 배출한 쓰레기의 약 9%는 압착해서 땅에 묻어.

땅에 묻힌 쓰레기는 아주 느리게 분해되기 때문에 쓰레기 하치장은 금세 꽉 차 버려. 그러면 새로운 하치장을 또 만들어야 해.

나머지 쓰레기 중 약 6%의 쓰레기는 아주 높은 온도로 태워.

프랑스에서는 태우거나 묻어 버리고 남은 쓰레기를 도로를 만드는 데 쓴대.

우리나라에서는 쓰레기를 태울 때
나오는 열을 난방에 쓰기도 해.

하지만 쓰레기를 태울 때 나오는 연기가
공기를 오염시키지 않도록 처리해야 해.

너도 알다시피 쓰레기는 환경에 나빠.
그래서 쓰레기를 줄여야 해.

쓰레기를 덜 배출하는 물건을 사면
쓰레기를 줄일 수 있어.
치즈를 예로 들면, 하나씩 포장된 것보다는
큰 통에 담긴 걸 사거나 아예 포장이
없는 게 쓰레기를 훨씬 덜 배출하지.

위협받는 생물 다양성

세계에서 가장 큰 산호초는 오스트레일리아 바닷가에 있어. 자그마치 **2천 km**나 되지.

두 번째로 큰 산호초는 길이가 **1천 6백 km**인데  우리나라에서 비행기로 **10시간** 정도 걸리는 뉴칼레도니아에 있어.

이 두 산호초는 수천 년 전에 만들어졌어.

산호는 해파리와 같은 과에 속해. 현재 **지구상에 살고 있는 생명체 중에서 가장 오래 됐어.** 산호초는 산호가 모여 만든 암초를 말해. ------▶ 그런데 이 **산호초들의 생존이 위협받고 있어.** 사람들이 바다에 버리는 오염 물질이나 고기를 잡을 때 쓰는 화학 물질 때문이야.

과학자들은 **2050년**이 되면 ◀------ 산호초의 절반 이상이 사라질 거라고 해. **산호초는 생물 다양성을 위해 아주 중요해.** 바다 전체 생물의 1/4을 지켜 주거든. 만약 산호초가 없어진다면 바다에 사는 생물들의 목숨이 위태로워질 거야.

산호초를 보호하는 게 왜 중요한지 알겠지?

산호처럼 중요하지만 가볍게 여겨지는 게 또 있어.
바로 벌이야. 벌은 꿀만 만드는 게 아냐.

꽃가루를 옮겨 식물이 번식하도록 도와줘.

전체 식량의 1/3은
벌이 도와서 번식을 하지.
전 세계적으로 벌이 하는 일을 돈으로 환산하면  정도의 가치가 있어.

약 **250** 조 원

그런데 산호와 마찬가지로 벌도 위험에 처했어.
1990년대 말 이후부터 제초제 때문에
매해 전체 벌의 **25~50%** 가 사라지고 있어.

그린피스의 최근 연구에 따르면,
일벌에서 추출한 꽃가루에서

독성 물질이 발견되었다고 해.
이 독성 물질은 우리 음식에서도 발견돼.

**위기에 빠진 벌을 구하기 위해서는
화학 제품을 사용하지 않는
유기농을 해야 해.**

기후가 변한다고?

기후 변화란 한 지역 또는 지구 전체의 기후가
오랜 기간에 걸쳐 바뀌는 현상을 말해.

기후 변화는 자연스러운 일일수도 있고, 사람 때문일 수도 있어.

지구의 온도는 점점 올라가고 있어.

지구의 온도가 올라가는 건 자연스러운 현상일까, 아니면 사람 때문일까?

대부분의 과학자들은 사람 때문이라고 주장해.

우리는 온실가스를 너무 많이 뿜어내고 있어.
온실가스는 태양 에너지를 흡수하지.

온실가스가 흡수한 태양 에너지는
대기를 뜨겁게 하고, 뜨거워진 대기는
바다를 뜨겁게 하고…….

이런 변화가 계속되면 기후가 바뀌어서
어떤 지역에는 비가 엄청나게 오고,
또 어떤 지역에선 가뭄을 겪어.

극지방은 따뜻해져서 얼음이 녹지.
그러면 수면이 올라가서 어떤 지역은
물에 잠길 위험에 처하기도 해.

때로는 태풍처럼 아주 갑작스런 날씨 변화를 만들기도 하지.

이런 변화는 한번 시작되면 되돌리기가 무척 어려워. 바다가 다시 차가워지기까지는 수백 년이 걸리거든. 앞으로 오염이 없다고 하더라도 말이야.

오염은 생각보다 오래 가. 이산화 탄소를 예로 들면 대기 중에서 사라지는 데 100년이나 걸려.

지금 기후 변화의 책임이 누구 때문인지 따질 때가 아니야. 지구를 덜 오염시키는 작은 방법부터 실천해야 해.

오존층이 뭐야?

오존층

오존은 지구의 대기 중에
대부분 층을 이루고 있는데,
이 층을 오존층이라고 불러.

오존층은 지표면으로부터 20~40km 높이에 있어.

오존층은 자외선을 막아 줘.
자외선은 태양이 내뿜는 위험한 빛이지.
생명체에게 해롭거든.

그래서 오존층은 생명체에게 꼭 필요해.

그런데 혹시 오존층에 구멍이 있다는 말을 들어 본 적이 있니?

과학자들은 1980년대 이후부터 매해 봄마다 오존층의 절반이 줄어드는 현상을 관찰했어.

가을이 되면 오존층은 다시 원래대로 돌아가지. 이런 현상을 오존층에 구멍이 생긴다고 해.

도대체 이 '구멍'은 왜 생기는 걸까?

사람들은 몇 해 전만 해도 냉장고를 작동할 때나 스프레이를 뿌릴 때 아주 위험한 화학 물질을 썼어. 얼마나 위험한지 모른 채 말이야.

흔히 프레온 가스라고 불리는 이 물질은
공기 중에서 다른 물질로 변해서
오존층을 파괴해.

이런 변화는 극지방처럼 추운 지역에서
일어나.

프레온 가스가 오존층을 파괴한다는
사실을 알게 된 후 많은 나라에서
사용을 금지했어.

하지만 오존층이 원래 상태로 돌아가려면
2065년까지 기다려야 한다고 해.
지구는 이렇게 한번 고장 나면
회복될 때까지 많은 시간이 필요해.

자연재해는 왜 일어날까?

프랑스 사람들은 신티아 폭풍우를
잊을 수 없을 거야. 지난 15년 동안 있었던
자연재해 중 가장 살인적이었기 때문이야.

2010년 2월 말에 발생한 신티아 폭풍우는
프랑스 서부 지역에서
47명의 목숨을 앗아 갔어.

높은 밀물에 바람까지 거세게 불면서
바다의 수면이 굉장히 높아졌지.

특히 한 마을이 엄청난 피해를 입었어.
프랑스 방데 지방에 있는
라포트 – 쉬르 – 메르라는 곳이야.

높은 파도에 둑이 무너지고 말았지.

2월 27일과 28일의 밤사이
몇 시간 만에 마을은 물에 잠겼어.
마을이 바다와 강 사이에 있었기 때문이야.

마을 사람들은 물속에 잠겼고,
결국 29명이 사망했어.

대체 왜 이런 사고가 일어났을까?

신티아 폭풍우가 지나간 지
한참이 지난 뒤에도 이런 비극이
왜 일어났는지 밝히기 위해 재판을 했어.

재판에서는 시장에게 책임을 물었어.
시장이 이 지역에 집을 짓도록
허가해 주었거든.

전문가들은 이 지역은 위험해서
집을 지으면 안 된다고 했어.
물에 잠길 가능성이 높았기 때문이지.

그럼에도 불구하고 사람들은 이곳에
집을 지었어. 바닷가의 집을 꿈꾸기 때문이야.
그러면서도 재난을 당할 수도 있다는
걱정은 하지 않았어.

이런 비극을 피하려면 욕심은 버리고
정해진 규칙을 꼭 지켜야 해.

인간은 자연보다 강할까?

프랑스 남부 지역인 몽펠리에, 페르피냥, 툴롱에서는 매해 9월부터 홍수가 자주 나.

홍수는 물이 넘치는 걸 말해. 홍수가 나면 집에 물이 들어와서 사람이 살 수 없고, 자동차가 물에 둥둥 떠다니게 되지.

그런데 왜 유독 프랑스 남부에서 홍수가 자주 일어날까?

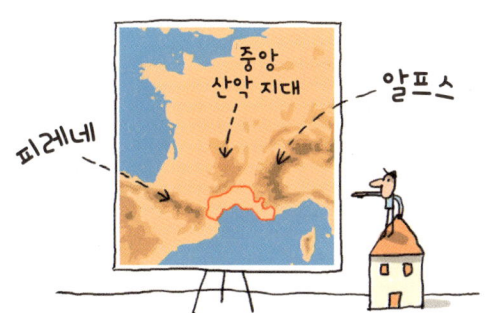

프랑스 남부 지역은 바다와 피레네, 중앙 산악 지대, 알프스 같은 산들 사이에 끼어 있어.

남쪽에서 불어오는 바람은 습기가 많아. 이 바람은 높은 산악 지대에 부딪히면서 엄청난 폭우를 내리게 하지.

비가 내리는 게 문제가 되는 건 아니야.
비 내리는 날이 계속되는 게 문제지.
프랑스 남부가 딱 그래.

비가 얼마나 많이 쏟아지는지
3개월 동안 내릴 비가
24시간 동안 내린 적도 있었어.

쏟아지는 비는 산을 깎아 내리고
금세 강이 넘치게 하지.

파도가 심하게 칠 땐
강물이 바다로 흘러들지 못하기도 해.

강물이 넘치는 걸 막으려면 둑을 쌓아야 해.

또 물의 흐름을 방해하지 않고
잘 흘러가도록 해야 하지.

그리고 무엇보다 홍수 지대에서
아주 가까운 곳에는 집을 짓지 말아야 해.

하지만 이런 규칙들은 잘 지켜지지 않아.
사람들은 언제나 자신이 자연보다
더 강하다고 믿기 때문이지. 정말 그럴까?

왜 산호초를 지켜야 하지?

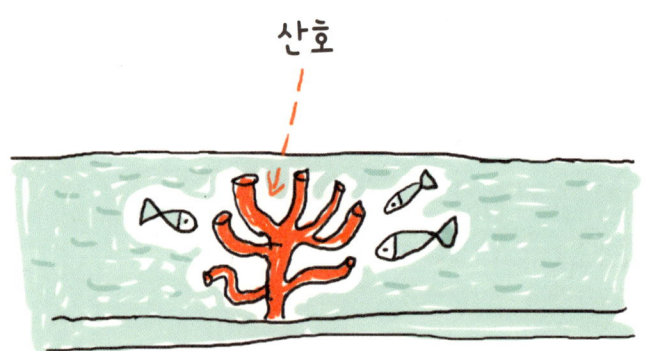

산호는 튜브 모양의 아주 작은 동물이야.
바닷속 얕은 곳에 살지.

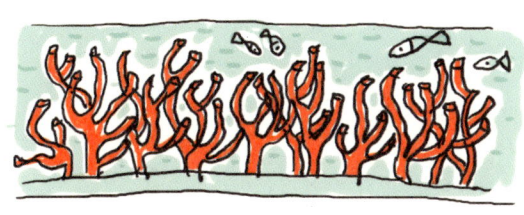

산호는 수천 개씩 떼를 지어 살아.
산호의 단단한 뼈대는 쌓이고 쌓여서
암초를 만들지. 이 암초를 산호초라고 불러.

오스트레일리아의 동쪽 바닷가에는
세계에서 가장 긴 산호초가 있어.

그런데 몇 해 전부터 산호초가
망가지고 있어. 사람들은 산호초를
지킬 방법을 고민하고 있지.

그런데 왜 산호초를 지켜야 할까?

첫 번째로는 이 산호초가
아주 오래되었기 때문이야.
어떤 산호초는 1천8백만 년이나 됐어.
선사 시대의 인간보다 더 오래됐지.

두 번째로는 수천 가지에 이르는
동물들을 지켜 주기 때문이야.
산호초 주변에 1천5백 여종의 물고기와
4천 여종의 조개 그리고 고래,
상어, 거북이가 있어.

뿐만 아니라 생태계 연구나
관광 산업에도 중요하지.

하지만 산호는 아주 예민해.
18~30도의 깨끗한 바닷물에서만 살아.

바닷물이 뜨거워지거나 오염되면
산호는 금세 망가져.
산호를 먹어 치우는 불가사리도 문제지.

1975년부터 오스트레일리아는
산호초가 사는 지역을 국립 공원으로
지정했어. 산호초를 망가뜨리는 걸
법으로 막기 위해서야.

1981년에는 유네스코가
세계 문화유산으로 지정했어.

만약 오스트레일리아가 산호초를
지켜 내지 못하면 유네스코는
'위험에 처한 세계 문화유산'으로
분류하고 세계에 알릴 거야.
전 세계에 환경 오염을 경고하는 거지.

벌이 위험에 처했다고?

큰일 났어! 벌이 사라질 위기에 처했어!

벌은 질병이나 천적으로부터 공격을 당해.
자칫 목숨을 잃을 수도 있으니
벌에게는 위험하지.

살충제도 위험해.
벌은 살충제에 중독되거든.

그런데 벌이 사라지는 게 왜 문제일까?

벌이 없으면 우선 꿀이 없어질 거야.
하지만 더 중요한 게 있어. 잘 들어 봐!

식물이 번식하려면 암꽃과 수꽃이 만나
수정이 일어나야 해.

수정이 되려면 수꽃의 꽃가루가
암꽃으로 옮겨 가야 하지.

대개는 바람을 타고 옮겨 가지만
벌이 훨씬 잘 전해 줘.

벌은 꽃에 있는 꿀을 빨아들이면서
자기도 모르는 사이에 몸에
꽃가루를 묻히거든.

게다가 벌 한 마리가 한 시간에
옮겨 다니는 꽃이 250 송이나 되기 때문에
바람보다 효과가 아주 좋지.

10개 중 7개의 식물이 벌의 도움으로 번식을 해.

사람의 식량 중 1/3도 벌이 번식을 도와준다고 해.

벌이 없으면 토마토, 당근, 상추, 참외, 무, 딸기도 없는 셈이지.

이제 알겠니? 벌은 지구상의 생명에게 없어서는 안 될 존재라는 걸.

지구의 물

지구에 물이 부족하다고 생각하는 사람은 드물 거야.

지구의 **70%** 가 물로 되어 있기 때문이지.
최근 과학자들은 **지구 내부에 엄청난 물 저장고**가 있다고 주장해.
지하 410km에서 660km 사이에 지하수층이 있다는 거야.

하지만 진짜로 지하수층이 있다고 해도
그 깊은 곳까지 갈 수가 없으니
실제로 그 물을 쓰기는 어려워.

전 세계 **25억 명**의 사람이 화장실이나 샤워장 같은 위생 시설이 없는 곳에서 살고,

7억 6천 8백 명은 마실 물조차 없어.

매해 **2백만 명**이 물 때문에 사망해.
희생자들 중에 **1/3** 이상은 어린이들이고.

지구의 온도가 점점 높아지고,
인구가 늘어나면서 상황은 더욱 나빠지고 있어.
**북반구 나라와 남반구 나라 사이의
불평등도 날이 갈수록 심해지고 있지.**
아프리카에서는 다섯 명 중 두 명이
심각한 물 부족으로 고통받고 있대.

반대로, 유럽과 미국 사람들은 세계에서 물을 가장 많이 소비해.

사람이 생활하는 게 비슷할 텐데 물을 써 봐야
얼마나 더 쓸까 싶겠지만, 상상하는 것보다 훨씬 더 많은 물을 써.
물을 직접 마시거나 요리할 때, 세탁할 때는
물을 쓰는 게 눈에 보이지만 우리 눈에는 보이지 않은 채
소비되는 물이 있거든. 예를 들면, 커피 한 잔을 만들려면
커피나무를 재배할 때, 커피를 운반하거나 포장할 때,
커피를 내릴 때마다 물을 써야 해.

커피 한 잔이 만들어지기까지는 **총 140ℓ** 의 물이 쓰이지.

커피뿐만 아니라 고기도 마찬가지야.
가축들이 먹는 콩과 옥수수를 재배할 때 물을 쓰기 때문이야.

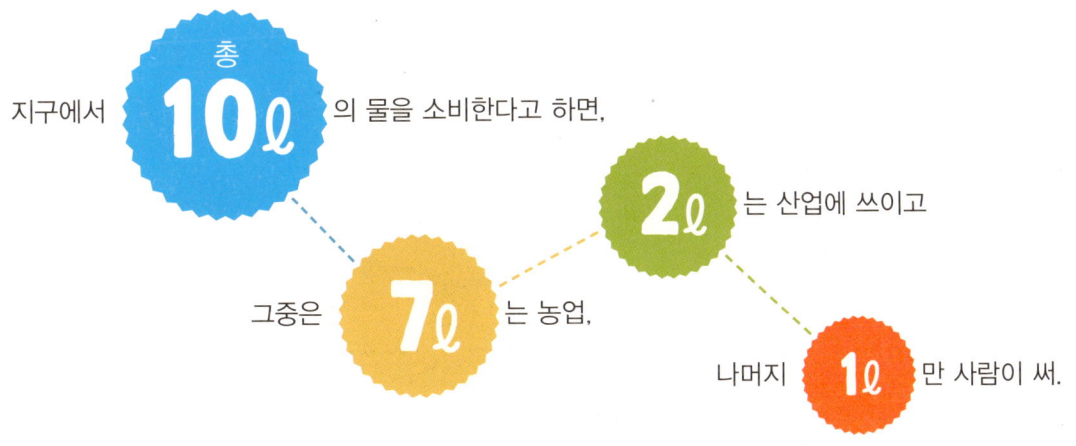

지구에서 **총 10ℓ** 의 물을 소비한다고 하면, 그중은 **7ℓ** 는 농업, **2ℓ** 는 산업에 쓰이고 나머지 **1ℓ** 만 사람이 써.

> 고기나 커피처럼 **가공 절차가 복잡한 제품**의 소비를 줄여야
> 우리가 마실 수 있는 물을 보존할 수 있어.

왜 물을 아껴야 할까?

물은 생명체에게 매우 중요해.

우리는 살아가기 위해서도, 씻기 위해서도,
음식과 옷, 우리를 둘러싼
모든 것을 만들기 위해서도 물이 필요해.

하지만 쓸 수 있는 물의 양은
한정되어 있어.
수요는 점점 더 많아지는데 말이지.

물을 아끼려면 어떻게 해야 할까?

우리나라 사람은 한 사람당
하루 평균 332ℓ의 물을 소비해.

물은 수도꼭지에서 쉴 새 없이 나와.
이를 닦을 때도, 손을 씻을 때도,
샤워를 할 때도, 또 변기에서도.

비누칠을 하거나 칫솔질을 하는 동안
수도꼭지를 잠그기만 해도
물을 절약할 수 있어.

5분 동안 샤워를 하면 80ℓ의 물을
사용하고, 욕조에 물을 받아서 목욕을 하면
160ℓ를 사용해. 어느 쪽이 물을
절약하는지는 말하지 않아도 알겠지?

먹거리를 통해서도 물을 아낄 수 있어.
고기를 적게 먹고 제철 과일과
채소를 먹으면 돼.

먹거리를 생산하는 데
엄청난 양의 물을 쓰기 때문이야.

예를 들어 소가 잘 크려면 물을 마셔야 하고
곡물과 사료를 먹어야 하겠지. 그런데
이 곡물과 사료도 클 때까지 또 물을 주잖아?

그래서 1kg의 소고기를 생산하려면
1만 5천ℓ의 물이 필요해.
쌀 1kg를 재배하려면 3천ℓ, 토마토
1kg를 위해서는 55ℓ의 물이 필요하고.

그러니까 물을 아끼기 위해서는
물도 음식물도 아껴야 해.

서머 타임이 뭐야?

서머 타임은 여름의 긴 낮 시간을 효과적으로 쓰기 위해 시간을 조절하는 제도를 말해. 프랑스를 예로 들면 1년에 두 차례, 10월과 3월에 하지. 우리나라는 한때 서머 타임을 쓰다가 1988년 올림픽 이후 폐지했어.

서머 타임을 하면 10월에는, 새벽 3시를 2시로 바꿔.

3월에는, 반대로 새벽 2시가 3시로 되지.
아침이 한 시간 빨리 오는 거야.

왜 이렇게 시간을 바꿀까?

1973년부터 1974년까지 프랑스는
석유 파동을 겪었어. 그때 사람들은
에너지를 아껴 써야 한다는 걸 깨달았지.

프랑스 정부는 1975년부터
에너지를 아끼기 위해 해가 일찍 뜨는
여름의 시간을 당겼어. 프랑스를 비롯한
유럽에서도 서머 타임을 쓰기 시작했지.

서머 타임을 하면 사람들은 한 시간 일찍 일어나. 하루를 1시간 일찍 시작하고, 1시간 일찍 자니까 밤에 조명 전기를 덜 사용하게 되지.

서머 타임을 하면 전체 전기 소비량의 4%를 절약한다는 보고가 있어.

그런데 몇 해 전부터 일부 유럽 사람들은 서머 타임을 그만하자고 요구하고 있어.

서머 타임에 익숙해지기까지 약 3주 동안 수면 리듬이 깨진다는 거야.

게다가 전기가 그다지 절약되는 것도
아니래.

3월부터 아침에 한 시간을 당기면
일찍 난방을 하게 되는데,
그러면 조명을 하지 않아서 아낀 만큼
소비도 는다는 거지.

그래서 유럽 연합에 가입된 나라들은
서머 타임을 그만할지 계속할지
아직도 논란 중이야.

이러나저러나 서머 타임이 시작되면
너무 일찍 일어나야 해!

신재생 에너지가 뭐지?

우리는 자동차를 탈 때나 난방을 할 때,
컴퓨터 게임을 할 때 에너지를 써.

해가 갈수록 사람들은
에너지를 더 많이 소비해.

그래서 신재생 에너지를 찾는 게 중요해.

그런데 신재생 에너지가 뭘까?

바닥날 걱정도 없고,
지구를 오염시킬 걱정도 없고,
오랫동안 계속해서 쓸 수 있는 에너지야.

석유는 가장 많이 사용되는
에너지 자원이지만 언젠가는
고갈될지도 몰라.

게다가 석유는 공기를 오염시켜.
그러니까 석유는 신재생 에너지가 아니야.

신재생 에너지로는 태양 에너지와
밀물과 썰물이 만드는 조수 에너지가 있어.

나무는 재생이 가능한 에너지지.

신재생 에너지 중에는 녹색 에너지도 있어.
풍력처럼 지구를 오염시키지 않는 에너지야.

그런데 주의해야 할 게 있어.
재생 에너지라고 해서 꼭 녹색 에너지는
아니야. 예를 들어 나무는 재생 에너지지만
태울 때 오염 물질이 나와.
그러니 녹색 에너지는 아니지.

과학자들은 신재생 에너지를 만들기 위해
노력하고 있어.

하지만 그보다 더 중요한 것은
에너지를 적게 쓰는 거야.

핵 발전소가 뭘까?

핵 발전소는 핵분열할 때 생기는
에너지를 이용해서 전기를 만드는 공장이야.

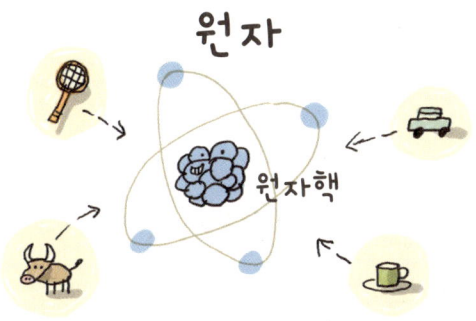

우리 주변의 모든 물질은 원자로 구성되어 있고, 원자 안에는 원자핵이 있어.

핵분열이란 원자핵이 나눠지는 현상을 말해. 그 과정에서 엄청난 에너지가 만들어져.

그리고 이 에너지는 발전소에서 전기 에너지로 바뀌지.

그런데 핵 발전소는 안전할까?

아니, 위험해. 핵분열할 때 나오는 방사선 때문이야. 방사선은 주변에 아주 오랫동안 에너지를 방출해.

생명체에게 대단히 위험하지.

그래서 수많은 사람들이 핵 발전소를 폐쇄하라고 요구하는 거야.

어떤 사람들은 핵 발전소가 적은 비용으로 많은 전력을 생산하기 때문에 꼭 필요하다고 주장해. 하지만 위험하지.

인류는 아직까지 핵 발전소에서 배출되는 위험 물질인 방사성 폐기물을 어떻게 처리해야 하는지 몰라.
저장하는 것 말고는 다른 방법이 없지.

만약 사고라도 나면 핵 발전소는 폭발하고, 우리는 방사선에 수백 년 동안 노출될 거야.

2011년 일본 후쿠시마에서 실제로 이런 사고가 있었어.

이렇게 위험한데도 핵 발전소가 있어야 할까?

후쿠시마에서 무슨 일이?

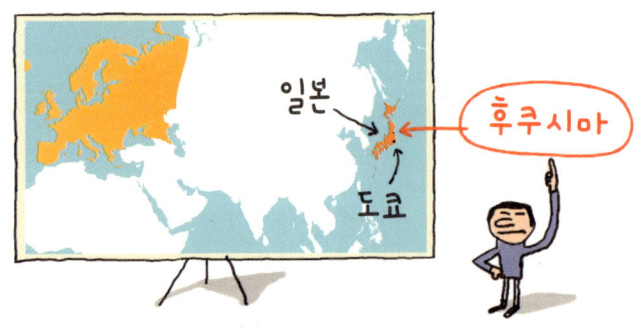

후쿠시마는 일본의 수도 도쿄에서
북쪽으로 250km 떨어진 곳이야.
이곳에 핵 발전소가 있었지.

2011년 3월 11일 후쿠시마는 비극적인 일로 유명해졌어. 역사상 가장 심각한 핵 사고가 있었거든.

그날 일본에 아주 강한 지진이 있었는데, 그 지진은 쓰나미를 몰고 왔어.

쓰나미란 모든 걸 휩쓸어 버리는 거대한 파도를 말해. 이 쓰나미는 후쿠시마 핵 발전소의 원자로를 덮쳤지.

그런데 핵 발전소의 원자로가 뭘까?

원자로는 핵연료인 우라늄이
핵분열을 하는 곳이야.
핵분열을 하면 원자로는 뜨거워지지.

이때 주의해야 할 것이 있어. 원자로가
너무 뜨거워지면 안 돼! 폭발할 수 있거든.
그래서 원자로를 물로 계속 식혀.

그런데 불행하게도 후쿠시마 핵 발전소의
원자로 3개가 폭발했어.

원자로가 폭발하면 방사선이 빠져나가는데,
방사선은 사람들을 병들게 하고
환경을 오염시켜.

후쿠시마 근처에 살고 있던 주민들은 집을 떠나야 했어. 4년이 지난 뒤에야 돌아오기 시작했지.

핵 발전소에서는 2011년부터 원자로를 차갑게 하려고 바닷물을 집어넣고 있어.

오늘도 핵 발전소와 인근 지역에서는 청소를 해. 방사선 수준을 최대한 내리려고 하는 거야.

하지만 이런 청소 작업을 40년 이상 해야 할지도 몰라! 그동안 방사선은 끊임없이 나올 거야. 이런데도 핵 발전소가 정말 필요할까?

질문❓하는 사전 시리즈①

초판 1쇄 발행 2018년 3월 13일 | **초판 5쇄 발행** 2023년 11월 30일
글 질 알레 | **그림** 자크 아장 | **옮김** 홍세화
펴낸이 홍석 | **이사** 홍성우
편집부장 이정은 | **편집** 정미진 · 조유진 | **디자인** 권영은 · 김영주 | **외주디자인** 신영미
마케팅 이송희 · 김민경 | **관리** 최우리 · 정원경 · 홍보람 · 조영행 · 김지혜
펴낸곳 도서출판 풀빛 | **등록** 1979년 3월 6일 제2021-000055호
주소 서울 강서구 양천로 583, 우림블루나인 비즈니스센터 A동 21층 2110호
전화 02-363-5995(영업) 02-362-8900(편집) | **팩스** 070-4275-0445
전자우편 kids@pulbit.co.kr | **홈페이지** www.pulbit.co.kr
블로그 blog.naver.com/pulbitbooks | **인스타그램** instagram.com/pulbitkids

ISBN 979-11-6172-058-6 74400
ISBN 979-11-6172-057-9 (세트)

이 도서의 국립중앙도서관 출판예정도서목록(CIP)은 서지정보유통지원시스템홈페이지(http://seoji.nl.go.kr)와
국가자료공동목록시스템(http://www.nl.go.kr/kolisnet)에서 이용하실 수 있습니다.(CIP제어번호: CIP2018000271)

A nous ! L'écologie ⓒ Editions Milan, France, 2015
A nous ! L'écologie by Jacques Azam(Illustrator) And Gilles Alais(Author)
Korean Translation ⓒ Pulbit Publishing Co. 2018
Arranged through Icarias Agency, Seoul.

이 책의 한국어판 저작권은 Icarias Agency를 통해 Editions Milan와 독점 계약한 풀빛출판사에 있습니다.
저작권법에 의하여 한국 내에서 보호를 받는 저작물이므로 무단전재와 복제를 금합니다.

| **제품명** 아동 도서 | **제조년월** 2023년 11월 30일 | **사용연령** 8세 이상
제조자명 도서출판 풀빛 | **제조국명** 대한민국 | **전화번호** 02-363-5995
주소 서울 강서구 양천로 583, 우림블루나인 비즈니스센터 A동 21층 2110호
KC마크는 이 제품이 공통안전기준에 적합하였음을 의미합니다.

⚠ **주 의**
종이에 베이거나 긁히지
않도록 조심하세요.
책 모서리가 날카로우니
던지거나 떨어뜨리지 마세요.

지구촌 시대, 세계를 무대로 살아갈 어린이를 위한 책
세계 시민 수업 시리즈

한국출판문화산업진흥원
우수출판콘텐츠 선정도서
세종도서 교양부문 선정도서
국제앰네스티 한국지부 추천도서

세계 시민 수업 ❶
난민
왜 목숨 걸고 국경을 넘을까?
난민들이 목숨을 걸고 국경을 넘는 이유를 배우고, 난민들이 어떻게 살아가는지를 알아봅니다. 미래의 희망인 난민 아이들의 삶은 뭉클한 감동을 줍니다.
박진숙 글 | 소복이 그림 | 104쪽

세계 시민 수업 ❷
석유 에너지
전쟁을 일으키는 악마의 눈물
석유는 생활을 편리하게 해 주지만, 환경 오염과 전쟁을 일으키는 무서운 에너지이기도 합니다. 석유를 둘러싼 다양한 문제를 극복할 수 있는 지혜를 배웁니다.
이필렬 글 | 안은진 그림 | 120쪽

세계 시민 수업 ❸
식량 불평등
남아도는 식량, 굶주리는 사람들
전 세계에 식량이 충분한데 10억 명이 굶주림에 시달립니다. 힘센 나라와 거대 기업이 일으키는 문제를 배우고, 우리의 먹거리를 어떻게 지켜 나갈지 알아봅니다.
박병상 글 | 권문희 그림 | 104쪽

세계 시민 수업 ❹
아동 노동
세계화의 비극, 착취당하는 어린이들
전 세계 어린이 중 10퍼센트가 학교 대신 일터로 나가고 있는 충격적인 아동 노동 문제를 알리고, 아동 노동을 없애는 구체적인 방법을 소개합니다.
공윤희·윤예림 글 | 윤봉선 그림 | 132쪽

세계 시민 수업 ❺
환경 정의
환경 문제는 누구에게나 공평할까?
지구 온난화, 기후 변화, 생물종 멸종 등 지구에서 벌어지고 있는 환경 문제를 환경 정의의 눈으로 살피고, 지속 가능한 삶을 위한 대안을 알아봅니다.
장성익 글 | 이광익 그림 | 120쪽

세계 시민 수업 ❻
빈곤
풍요의 시대, 왜 여전히 가난할까?
전 세계가 함께 해결해야 할 빈곤. 아무리 열심히 일해도 가난에서 벗어나지 못하는 이들의 이야기를 살피고, 빈곤을 없애기 위해 해결해야 할 것이 무엇인지 알아봅니다.
윤예림 글 | 정문주 그림 | 136쪽

세계 시민 수업 ❼
혐오와 인권
혐오 표현이 왜 문제일까?
우리 사회에 만연한 '혐오 표현'을 통해 '혐오'가 무엇인지 살핍니다. 혐오로부터 시작되는 차별, 그로 인한 갈등과 폭력. 혐오가 일으키는 문제와 대안을 알아봅니다.
장덕현 글 | 윤미숙 그림 | 120쪽

세계 시민 수업 ❽
평화
평화를 빼앗긴 사람들
우리나라 1호 평화학 박사인 정주진 작가는 평화를 빼앗긴 사람들의 삶에 초점을 맞춰 평화가 무엇인지, 평화를 방해하는 것이 무엇인지 알려 줍니다.
정주진 글 | 이종미 그림 | 136쪽

세계 시민 수업 ❾
다문화 사회
다양성을 존중하는 우리
한민족과 다문화 사회에 대한 우리 안의 편견을 알아봅니다. 다양한 문화를 존중하는 사회가 모두가 살기 좋은 사회라는 것을 깨달을 것입니다.
윤예림 글 | 김선배 그림 | 128쪽

세계 시민 수업 ❿
세계 시민
참여와 실천으로 세상을 바꾸다
세계화의 양면을 알려 주며, 모두를 위협할 수 있는 세계화의 그늘 속에서 우리가 어떤 선택을 하고 어떤 가치관을 품어야 할지 이야기합니다.
장석익 글 | 오승민 그림 | 132쪽